きみに贈る本

自分らしく前向きに生きるために

いくせ侑

幻冬舎MC

は じ め に

私は、一介の人間です。

この本は、一介の人間である私から、一介の人間である皆さんへの
メッセージです。

私は「医者」です。「精神科医」です。「金持ち」と言えるかもしれません。
私は「女」です。「離婚」してます。「癌」にもなりました。

これを聞いて、皆さんはどんな印象を持たれるでしょう。
だから、偉いですか?
だから、羨ましいですか?
だから、大したことはないですか?
だから、かわいそうですか?

私は私に訊くことができます。

だから、私は幸せなのか。
だから、私は不幸せなのか。

「私」がなんと呼ばれるのか、それは実際大した問題ではありません。
その経験を通し「私」がどう生きるか、それが問題なのです。

皆さんは人生のカードゲームをしています。
私のカードは、「医者」と「金持ち」が結構強いカードですが、
「離婚」「癌」がこれまた最凶なので、合わせると、まあ、負け組です。

人によっては「男」というカードだけで、人生を押し切ろうとしている人がいます。
人によっては「貧乏」というカードだけで、自分は最弱だと肩身を狭くして
生きている人がいます。
溢れんばかりのカードを見せびらかしている人もいます。
それがなんです?

カードゲームは、勝つことが目的です。
ですから、全て競争です。
「容姿」
「学歴」
「財産」
「権力」
「名誉」
子どもができれば、子どもの分もついてきます。
各分野の自分のカードと、家族のカードを駆使して、
相手を叩き伏せていくゲームです。
もしその悲喜劇を観客席で見るなら、腹を抱えて笑うでしょう。

私は、このゲームはあまり好きでも得意でもありませんでしたが、
強く「しなければならない」と思い込んでいました。
評価を気にし、必死で、当時を振り返ると滑稽なほど
狭い視野で生きていました。
自分の肩書きに見合う自分になるために、
自分が欲しいかどうかもわからないまま、期待される、
要求される肩書きを手に入れるために、
まるで背中にナイフを突きつけられているかのように、
脇目も振らずこなしていながら、何一つ満足にはできませんでした。

ですから「あなたは癌で、顎の骨を半分切り取らねばならない」と告げられた時、
怯える反面心の底では、「ああ、もちろんそうだろう」と、
今まで自分がやってきたことの答えを初めてもらった気分でした。
その時、カードゲームをやめたのです。

癌になったのは良かったかもしれません。
悪性度の高い癌でしたし、それ以上に失うものはないので、
「自分がよしとするもの、自分らしいもの、自分のしたいことだけして生きてみたら
どうなるか見てみよう」と覚悟を決めたのです。
それまでの私は「自分らしくないもの、自分のしたくないこと、自分がしなければ
ならないこと」だけで生きていたわけです。
ゲームに勝つために。

それで命を失うなら、今度は命がけで真逆に走るだけです。

私が本当に驚いたのは、
「ワガママだろ」とか「こうすべきだろ」とか
「そんなことは意味ないことだ」と言われ諦めていたこと、
「やっちゃいけない」と思っていたことだけして生きている今の方が、
はるかに豊かで、幸せで、創造的なのです。
はるかに自由で、はるかに愛に溢れています。

こころのあり方が、どれだけからだに影響を及ぼすか、
こころのあり方を変えると、どれだけ世界が変わるか、
恥ずかしながら、身をもって知ったのです。

人生のカードゲームで、勝つことを目的にしている人には
この本は役に立ちません。
実際、負け組の私の声は聞こえないかもしれません。

でも、このゲームに飽きた人、うんざりした人には必ず役に立ちます。
カードを捨て、笑みを浮かべ、軽やかに生きていくための本です。

新しい自分を見つけたい人は、是非この扉を開けてみてください。
生き残った私からの、ささやかな贈りものです。

やあ、こんにちは。

やあ、こんにちは。僕は、こころの世界の案内係。
皆さんはこれから、ぼくらと一緒にこの世界を旅していくんだ。
作者の彼女と僕から、一つずつメッセージをプレゼントするよ。
想像力をいっぱいに膨らまして、受け取ってほしい。
ぼくらにとっての最高の真実を届けたつもりだ。

好きなところから読んでくれて構わない。
でも、こころの基本からその扱い方をマスターするまで一応の流れが
あるから、一度は流れに沿って読んでくれたら嬉しいな。
気負い気味の彼女は、「勝つことを目的にしている人はこの本は役に立ちま
せん」なんて言ってるけど、ほんとはみんなに読んでほしいんだ。

「なんで、世の中こんなにうまくいかないんだ」
「なんであいつはあんなに嫌なやつなんだ」
「なんで、自分ばかりこんなに苦しいんだ」
「なんで、自分はこんなにダメなんだ」

その答えは、この本の中にあるかもしれない。
僕が言うのもなんだけど、「試しに読んでみる」ぐらいの価値はあると思うよ。

そしてもし、君のこころに響くものがあったら、どうか実践してほしい。
ぼくらの言葉のたった一つでも、君のこころに届くことができれば
こんなに嬉しいことはないんだ。

だから、最初に言っておくよ。
「どうもありがとう」――ぼくらにチャンスをくれた君を、こころから歓迎する。

こころのかたち

人は誰でも、生まれた時にこころとからだを持って、この世界にやってきます。

まぶたが二重だとか、髪が黒いとか、足が大きいとかと全く同じように、
几帳面だとか、とにかくおしゃべりだとか、周りをとても気にするといった
こころの種を持ってやってきます。
それをどう活かしたり咲かせたりするのかはその人次第ですが、
実は随分のことが決まって生まれてきているのです。

この「こころの種」からどんな芽が出て、どんな枝が伸び、
今どんな姿をしているかを「こころのかたち」と呼んでいます。
目には見えないこのかたちを知ることは、とても大切です。
「世界のゆくえ」ぐらい大事じゃないかと思います。
なぜなら、「自分のゆくえ」を握るからです。

こころがどんなことを喜ぶのか、どんなことに興味を持つのか
植物でいえば、日向が好きなのか、日陰が好きなのか。
水やりは？　温度は？
そんなことです。そんなことが大事なんです。

「妻はこうあるべきだ」とか「我が子はこうじゃないと」とか、相手を自分の思い
通りに変えようとして際限のない戦いを挑んでいる人がいますが、
もし、相手のこころのかたちが見えるとしたら、どう見たってたんぽぽなのに
薔薇の装いを期待したり、柳を松に仕立てようとしたりと、
あっけにとられる場面がちょくちょくこころの世界では見受けられます。
また、本人も相手の期待に応えたくて、もしくは周りが羨ましくて、
自分以外のものになろうとし、できない自分をものすごく責めたりしています。

周りも本人も、「こころ」を見ていないのです。
こころは成長します。
からだと違い、実際は死ぬまで成長します。
年を取り、もし成長が止まってしまっているように見えたなら、
それは、「俺はこういう人間だ」とか「世間はこういうものだ」と
自らが多くのことを規定してしまい、成長を止めてしまっているのです。

もし、今あなたが何かに苦しんでいるのなら、それはあなたに、
変えられるものを変える勇気と
変わるしかないものを手放す勇気と
変えられないものを受け入れる勇気を試しているのです。
そのこころを必ずあなたは持っています。

柳は緑、花は紅というではありませんか。

「ありのままに生きる」とは、自分本来の「こころの種」に気づき、
殻を脱ぎ捨て、生き生きと光を浴び成長していくことです。

その人らしさが輝くように、大切にこころを育てていきたいものです。
人目を気にせず、自分らしく生きるということを一生懸命やってください。

こころの世界

こころはね、象徴の世界なんだ。

みんなおんなじ世界に住んでいると思っているけど、本当は自分だけの、
舞台もテーマも別々の、自分が作った世界の、君は主人公だ。

例えば、君らの世界で、おんなじ電車のおんなじ車両で
隣同士に座っていたとする。

でも、ある人は地獄に住んでる。
ある人は天国に住んでる。

ある人のこころの中は、怒りと憎しみでいっぱいだ。
こっちが良くしてやったのに、相手が返さないから。
こっちが我慢してるのに、相手がまだやめないから。
こっちが譲ってるのに、あっちが感謝しないから。
そいつだけじゃない。会社だって、世の中だってみんなそうだ。
だから、どうやって仕返ししてやろうか、悶々と考えてる。

ある人のこころの中は、幸せでいっぱいだ。
もうすぐ子どもが生まれるから、
夢をいっぱいに膨らませて、愛情いっぱいの家庭を作りたいと思っている。
子どもが元気に暮らせるように、みんなが幸せに、
自然も社会も豊かな世界を思い描いている。
膝には、さっき買ったお土産が乗っているんだ。

どうだい、僕から見れば、こっちの世界の方が本当だよ。
だから、幸せになろうとしたら、世の中を変えようとするより、
自分のこころを変えちゃった方が本当は楽チンなんだ。
自分にしかできないし、自分だけでできる。

本当は誰もが自分らしく舞台を作り上げ、大成功する資質を持っているけど、
こころの中を覗かないからわからないんだ。
だから、今までは相手をなんとかしようと躍起になっていたけど、
これからは自分をなんとかしようと躍起になるんだ。

ほら、新しいからだを手に入れるため、食事を変え、
一生懸命鍛えるじゃないか。
新しいこころを手に入れるため、考え方を変え、実践するんだよ。
できないわけないんだ。君の世界なんだから。
だから、まずは自分に「できる」と思うことを、
その可能性があることを許してやって。

それが君の旅の、最初にして最大の一歩だから。

自 分 と 思 っ て い る も の 。

「自分」てなんでしょう。
今そこにいるまさにそのあなた、それが「自分」？
いえいえ、そこにいるのは「自分と思っているもの」です。
本当のあなたでも、本当にあなたがなりたいあなたでもありません。

皆さんは、実にたくさんの思い込みを抱えて生きています。
「私はなんの取り柄もない」
「私を誰だと思っているんだ」
「失ったらおしまいだ」
「結婚してないのは恥ずかしい」
「世の中、馬鹿ばかりだ」
「仕事は苦しいものだ」
「バレたら生きていけない」
「誰も助けてくれない」
「あの人のせいで、人生台無しだ」などなどなどなど。

人生を航海する上で、役に立つと思うものは手に入れ、いらないものは捨てて
きたはずですが、まるで船体に付くフジツボのように自分のこころにこびり付き、
かえって自分を不幸にしている考え方です。

皆さんは、「いや、これが俺だ」「これが私だ」と言いますが、それはフジツボです。
裸の王様のように、はたから見ると恥ずかしい思い込みでも
本人は気づきません。
「その考えはおやめになったら」などとと言おうものなら、
「私の何がわかるんだ！」と、怒鳴られるかもしれません。
「これが私ですから、結構です」と立ち去るかもしれません。

でも、それがフジツボです。
実はあなたではありません。

フジツボとあなたの考えとの違いは、なんでしょう?
「試しにそれをやめられるか」──やってみてください。
例えば世の中で「社長」とか「教授」とか呼ばれる方々は、
是非トイレ掃除をしてみてください。
「社長」も「教授」も24時間やっているわけではありません。
ただ人となった時、「一生お世話になるところだもの、たまには掃除してみよう」
こう思えるなら素晴らしいことです。
しかし、「なぜ私が」そう湧き上がるなら、もうフジツボが付いています。
こそげ落とさないと、いつかあなたの船を沈めます。

例えば今日一日、自分に出会う人誰にでも優しくしようと思って生きてみます。
例えばその次の一日、自分に出会う人誰にでも感謝しようと思って
生きてみます。
そう思ってできなければ、あなたは何かの考えに囚われ、
舵がうまくいっていないことになります。

そうやって、一つ一つ確かめながら、いつでもその状況に合った、
自分らしい考え方を選んでいきます。
そうすると、病気になっても、仕事がなくても、大金持ちになっても、
その時にふさわしい生き方で航海できます。
「今日はどんな自分で生きようか」──なんか、ワクワクしませんか。
どの一日も、新しく始まるんです。

自分を観ることから始めよう。

「みんな、こころとからだを持って生まれてくる」って聞いたね。
どうやって育つかというと、
からだはね、ご飯で養っている。
こころはね、愛情で養われているんだ。

ご馳走だけ与えたって、愛情なく育てられればこころは死んでしまう。
愛情が足りないと、陽の光の足らない植物のように、
こころはひ弱でいじけてしまうんだ。

どんな人でも、芽が出た時はキラキラ光ってる。
でも、愛情が足りず、叱られたり、人と比べ過ぎたりすると自分らしさを嫌って、
ものすごく強く見せたり、ものすごく隠れたりして、どんどん本当の自分から
かけ離れていってしまうんだ。

いつも怒っている人は、棘が生えてたっておかしくない。
脅えている人は、わざわざ陽の当たらないところに隠れて暮らしているよ。

だからまずは、自分の中の「こころのかたち」がどんな具合か観てみるんだ。
どう観える？　何が観える？

ここは象徴の世界だから、いろんな表現で構わない。
要は自分を例えてみるんだ。
そして自分、自分の世界、今自分のしていること、自分のしたいことが、
自分らしいことなのか、自分が喜んでいることなのかを訊くんだよ。

例えば作者の彼女は、「無邪気・献身・感覚的」そんなかたちを持っている。
頑張り屋で正直だが、注意深さや几帳面さは彼女の辞書にはない。
彼女の世界はずっこけや笑いに満ちているけど、
劣等感というパンツはまだ脱げないでいる。
人の役に立つことは、彼女にとってとても大切なことだ。
そういう意味で今の仕事は、彼女にはかけがえのないものなんだ。

ほら、そんな風に自分を例えるとよくわかってくる。

自分を観て、表現して、太陽をいっぱいに浴びてすくすく育っているなら、
それを愛でよう。
そうでないならちょうど良かった。
これから自分に愛情を、おひさまを当て立派に育てよう。

人それぞれ

「こころのかたち」をわかりやすく説明するために、
時々、相手と自分を何かに例えてもらうことがあります。

ある日のこと、仕事に行けなくなってしまった彼に出会いました。

—ふーん。じゃあ、上司の方は例えるとしたら、何？
「えっ……ゴリラとか……イノシシとか……」
—なるほど、強いわけだ。
「ハイ」
—じゃあ、君は？
「動物ですか……？」
—思いつかないの？
「ハイ」
なんでもいいよ。物でも。
「………………豆腐」
—豆腐？
「……ハイ」

本来の彼の「こころのかたち」はちゃんと生き物でした。
しかし、上司のキョーレツな指導を受けるうちにどんどん生気がなくなり、
何か冷たくどうしようもなく柔らかくなってしまったのです。
上司は、彼なりの愛で彼をゴリラにしたかったのかもしれません。
しかし、資質を間違えるとこういう不幸が起こります。

不幸を避けるには、「己を知り、相手を知る」ということが、とても大切です。

この時彼は「気弱・真面目・要領が悪い」こんなかたちを持っていました。
もし上司が彼を伸ばしたいのなら、するべきことは、
「要領の悪い点を具体的に指導し、
こちらから声かけして安心させ、できたら褒める」です。
真面目なので時間がかかったり残業したりは、あまり問題にはなりません。

「要領が悪い点を補い、気弱さを褒めて押し上げ、真面目さを活かす」
これが、彼に最大のパフォーマンスをさせる処方箋なのです。
ところが、上司は自分が習ってきたゴリラ手法で彼を鍛えました。
彼は、誰にだってそうすべきだと疑わず、できなければ叱り飛ばし、
気弱な彼にイラつき怒鳴り続けました。
その結果が、「豆腐」です。
上司は彼を指導しましたが、彼を知ろうとはしませんでした。

彼はどうでしょう?
相手から逃げても、相手を恨んでも決してうまくいきません。
要領が悪いことを自覚し、どうしても繰り返し訊いたりすることが多くなっても、
相手の嫌な顔や、怒鳴る風圧に負けない踏ん張りが必要です。
「自分じゃダメなんじゃないか」「自分が悪いんじゃないか」と自己否定し、
自分らしさを失ってどんどんエネルギーを売り渡し、冷えて固まったんです。
いいですか。
「気弱さ」は「優しさ」に、「要領の悪さ」は「粘り強さ」に変えていけるんです。
尻込みせず、被害者にならず、諦めず、愚直な自分を認めてください。

彼は上司になる必要はありません。
自分であり続けるんです。

こころ探偵

どう、自分の姿を見られるようになったかい?
どんなだった?
自分のこと、どのくらい気に入ってる?
こころの中の君は、ちゃんと笑ってる?

こころの世界にいると、どーにも相性の悪い関係というのがよくわかってくる。

狼とウサギを一緒の小屋に入れちゃダメさ。
犬の集団の中に、猫を入れて、まとめようとしても無理がある。
電卓君に計算させるのはいいけど、絵を描かせるのはどうかと思うよ。

笑っちゃうけど、こんなことは日常茶飯事だ。
見えれば一目瞭然なのに、見ようとしないから、何もわからないのさ。
さて、今度は、君の周りにいる人の「こころのかたち」を観る練習をするんだ。
こっちの方が、数段難しい。
でも、それがわかれば、相性もわかるし、攻略法もわかるし、口説き方だって
わかるかもしれない。
実は、みんな大好きな人にはやってるんだ。
どんな性格で、どんなことが好きで、どんなことを大事に思っているか。
大好きだからその人を一生懸命理解しようとすると、そのうち、
その人の行動が手に取るようにわかるようになる。
そうすれば、君がその人に何かしてほしいと思った時、強制するのでも、
お願いするのでもなく、ただ、その人がしてほしい行動をとるように
働きかければいいんだ。

わかりにくいかい?

例えば、誰かを初めてデートに誘いたいとする。
そりゃ、「デートしてください!」って直球もありだけどさ、
それじゃ撃沈する可能性が高いよ。
その人の性格や好きなものを知っているなら、
「素敵なアンティークのお店があるんだけど、見に行かない?」なんてどう?

例えば君の隣の席の子が、ゲホゲホ咳き込んでいたとする。
「マスクぐらいしろよ!」ってイラつくんじゃなくて、そっとのど飴渡すんだ。
そしたら、相手も耳を傾けやすくなったり、気を配るようになるんだよ。

さあ! これを、君の苦手な人、理解できない人、嫌だけどどうしても
付き合わなきゃいけない人にしてみるんだ。
いいかい、難しいのは、仲良しじゃないから早々中身を教えてくれないことだ。
だから、名探偵のように好奇心を持って、相手のちょっとした言葉や仕草から、
相手のこころのかたちを推理するんだ。
どんなに君から見て理解できないことを相手がしていても、当たり前のことを
相手がしてくれなくても、彼らにはそれなりのちゃんとした理由があるんだ。
もしやめてほしかったら、してほしかったら、理解しなきゃ解決法は
見つからないんだよ。

ちょっとした例を出そう。
いつも怒鳴り散らす上司がいる。
君が、どうしても確認しないといけないと思うこと、
君にとって当たり前のことを上司に訊きに行くと、
最後には必ず怒り出すんだ。

「こうだって言ってるだろ！」とか、
「こんなことでいちいち訊きに来るな！」とか、
君は、不愉快だし、納得いかないし、それを言えばもっと怒るし、
もう、会社に行くのも嫌になってきたとする。

いつもなら、「あんな上司のことなんて、
コンマ1秒だって考えたくない！」って思うかもしれない。
でも今は、君は興味を持って眺めるんだ。
「この人は、一体なぜ、怒るのか？」
これが、謎解きのテーマだ。

実は、いつも怒鳴り散らしてしまう人のパターンには、いくつかある。
小さい頃から、「上の者は下の者を叱って育てるものだ」
「言うことを聞かせるのが正しいことだ」と本人が育てられて、
何も考えずそれを踏襲しているパターン。
その人の生まれつきの気質が、もしくは彼にはどうしようもない気分の変調で
イライラして怒鳴り散らすパターン。
劣等感が強く、自分が劣っていることを決して見せないように、
いつも人を威圧することで安心感を得るパターン。

まあ、そこまでわからなくても、君は彼がどういう時怒るのかを観察する。
すると、怒られるのは君だけじゃないが、反対に彼には何人か
取り巻きがいることに気づく。
よく見ると、そいつらは彼のことをいつも持ち上げ、おだてるように
話していることがわかる。
そこで再び、君の怒りは倍増する！

まあまあまあまあ、抑えて抑えて。
ここでの目的は、何が正しいかじゃない。
「彼はなぜ怒るのか」を知ることだ。
いったん自分の価値判断を置いて見てごらん。

彼は、おだてられ、持ち上げられれば、怒らないことがわかった。
そして、そういう人間を重用する。
「彼は、人の上に立ちたい、褒められたいんだ!」
これは、大きな収穫だよ。
だって、彼の取り扱い説明書には
「おだてれば、うまく働きます」って書いてあることがわかったんだもの。
このことから、なんとなく、彼の劣等感が見え隠れするパターンがわかってくる。
なんと言うか、彼は「俺はエライ!」っていう着ぐるみを着た状態なんだよ。
劣等感がバレないように、そこをつつかれると怒鳴るのさ。
(彼がどうしてその劣等感を抱くに至ったかは、また別の物語だ)

今は、そうわかった君がどう行動するか、選択肢がある。
上司としての差別を訴えることもできる。
こんな上司の元で働きたくないと仕事を辞めることもできる。
彼のプライドを尊重し、よいしょしつつ仕事をこなしていくこともできる。
彼を立てつつ、彼の仕事のやり方を諫(いさ)めることさえできるかもしれない。

大事なのは、彼を馬鹿にすることじゃない。彼を理解し、どうするか決めるんだ。

今度は、むしろ君のプライドにかかってくるだろう。
でも、わかってるだろうけど、プライドって時々厄介なんだ。
だから、賢く行動するように忠告するよ。

23

される人

私が「される人」と呼ぶ人々がいます。
話をすると、すぐわかります。
語尾が、「される」だからです。

「彼に、それはダメだって、言われたんです」
「就職したら、条件が全然違って。だから、違うって言ったら、
そういうこともあるって言われて……」
「上司に、すぐやれって言われて……言う通りにしてたら、
今度は部長にそんなものはいいと言われて……」
下手をすると、
「彼に褒められたんですけど、おかしいと思います」
なんてのまで出てきます。
彼女彼らに特徴的なのは、ずーっと「される」話が続き、
いつまでたっても自分がした話が出てこないことです。
——なるほど……で、あなたはそれでどうしたの?
と訊くと、彼らは、少し、キョトンとします。
「え、だから、言われた通りに……」
——なぜ?
「なぜって……言われたから……」
たまには、
「だから、嫌だって言いましたよ」と、言うのも出てきます。
——それで?
「全然、聞いてくれないんです」
——で?
「その会社、辞めました」

彼らの人間関係は、なかなか続きません。

「される」人々の共通点は、自分が「する」ことで、誰かが自分を「責めたり」
「怒ったり」「見下したり」することにとても怯えていることです。
ですから、自分の主権と責任を放棄し、行動も判断も相手に委ねてしまいます。
そうすると、自分のしてほしくないことを相手がすると「される病」が発動し、
自分のしてほしいことを相手がしないと「わかってくれない」「言ったのに
してくれない」などといった「くれない病」が発動します。

「される病」も「くれない病」も、自らを放棄するため起こってくる病です。
そして、自分の願いを叶えるために、「被害者」となって不当を訴え、
自分ではない誰かを使って相手をコントロールしようとします。

どうでしょう?
あなたの周りに、この病の人はいませんか?
もしかして、口癖になってはいませんか?

この病を治す道はたった一つです。
自分が手放したものを取り戻してください。

受け取らない

毎日毎日物事は起こり、世界は君にいろんな要求を突きつけてくる。
生きてくのが苦しいと思っている人には、助けになるかもしれない。

彼が、私に、ひどいことを言った。
私は、彼に、ひどいことを言われた。

例えばこの二つの言葉の違いをよく考えてみてごらん。
わかりにくいかい？
それじゃあ、これはどうだい。

彼が、私に、握手した。
私は、彼に、握手された。

どうだい？
二つの違いが、わかったかい？
どちらを君が使うのかで、天と地ほど物事が変わるんだよ。

「彼が私に握手した」は、ただ単に彼の行動を言っただけだ。
でも、「私は彼に握手された」の方は、
私は本当は握手したくないのに、
私は無力だから、
私は抵抗なんてできないから、
私は受け入れざるを得ないから、
私の気持ちなんてわかってもらえず、
彼に握手されたんだ。

彼の取った行動は、全くおんなじだ。
この違いは、
彼が握手しようとした時、「私」が、自ら対等な立場を放棄し、
被害者の立場をとったから起こったことだ。
そうしたら彼は、知らず知らずのうちに加害者になってしまうんだ。

彼が私にひどいことを言った時、
「私」にはあらゆる選択肢がある。
言い返してもいいし、笑って冗談にしてもいいし、無視したっていい。
「私」は自由なんだ。
でも、彼に私はひどいことを言われた時、
「私」は「ひどいこと」を受け取り、自ら被害者になることを決めたんだ。
それは、「私」が自ら選択したんだよ。

いいかい?
荷物だって、送る人と受け取る人がいるよね。
勝手に送られてきたり、嫌なものは受け取らない。
ちゃんと門があり、検閲がある。

「される人」はどこかで、このガードを失ってしまったんだ。

君の歴史の中のどこかに、ガードを捨てた瞬間がある。
もしかしたら、その時は捨てた方が楽だし、うまくいってたのかもしれない。
全てを人に従うっていうのは、ある意味とても楽なんだよ。
自分がどうしようもなく弱い時は、そうせざるを得ないこともある。

でも、今はもうダメだ。
今はもう違う。
ガードが見つからなかったら今から作ればいいんだ。

もちろん、彼らにも非はあるかもしれない。
でも、それは実は彼らの問題で、君の問題じゃないんだ。

こころの世界の、君の姿は見えたかい?
君が自分の姿を大嫌いなのは知ってる。
でも自分を嫌えば嫌うほど、君はもっと無力になり、
もっと従わなきゃならなくなる。
世界にたったひとつの、君しか持てない、君だけのものを、
大切にせずどうするのさ。

世界の誰も君を認めなくても、君は君を認めることから始めるんだ。
君さえ君を認めていれば、実は怖くないんだ。
君が自分を愛し、自分にパワーを与えれば、まさしく君は、変身できるんだよ。

君はもういじめられない。
彼らは、君をいじめるかもしれない。
でももう君は、
「彼らは僕をいじめたけど、僕は負けなかった」
こう言うことができるよ。

ポッーン…

妻が浮気

ガミガミガミ

プライベートを
仕事に持ち込むな!!!
お前はそんなんだから
～～～～～～ッ!!!

…課長

…すいません

…一体

なんのために
頑張って
きたんだろう

べき人間

「べき人間」にとって物事は、
「すべきこと」と「すべきでないこと」
「しなければならないこと」と「してはいけないこと」
「正しいこと」と「正しくないこと」
これしかありません。

「べき人間」はモラルを重んじ、秩序を守り、弱い者を助け、自ら率先して働きます。
でも、彼らは何が正しいか考えるより、正しいことをすることを望みます。
「正しいこと」をしている限り欠点がないからです。
欠点がなければ「完璧」だからです。
完璧な彼は、時として「神」のように振る舞います。
「神」のように振る舞いたいから、「べき人間」になっているのかもしれません。
これが問題なんです。

彼らの世界は、全てが整然とし、美しいでしょう。
でも、こころの中は苦痛でいっぱいです。
彼らのいう正しくないことは決してこの世からなくなりません。
だから、このルールは常に世界を真っ二つにします。

そんなことはない?
みんながすべきこと、しなければいけないこと、正しいことをすればいいですか?
あり得ません。
とこにでも堕落したものはいるから、絶対にないのではなく、あり得ないのです。
みんなにとって一つのすべきこと、みんなにとって一つのしなければいけないこと、
みんなにとって一つの正しいことがないのです。
だって、それを決めるのは、あなたでしょう?

とこかに真理はあるはずだ。
そうかもしれません。
でも、とこかの真理に従う限り、従うものと従わないものの二つに分かれます。
自分の中の真理に従うのは自分一人です。
他者を強制しません。
他者を強制した瞬間、それは真理ではありません。

「すべき」という言葉には強い力があります。
「ねばならない」は焦点を定めます。
「正しい」はいかなる迷いも吹っ切ります。

自分の目標に向かって力一杯この槍を飛ばす時、
それは凄まじい力を発揮します。
しかしその目標を、間違っても人に向けてはなりません。
「お前はこうすべきだ」
「お前はこうしなければならない」
「こうすることが正しいことだ」
それはその人を支配し、その人を裁き、その人を破壊してしまうからです。

人間はしたいようにしか生きられません。
動物も植物もしたいようにしか生きられません。
「すべきこと」は「したいこと」よりずっと劣った末端の道具にすぎません。

したいように生きたら、世の中どうなるんだ！
そう思うのは、あなたのこころの中の「したいこと」が劣っているからです。
本当は勝ちたい。本当は奪いたい。そして、本当は怖いんです。

「したいこと」を押し込め、「すべきこと」をするから、苦痛なのです。
自分は苦痛を我慢して「すべきこと」をしているから、
していない人を許せないのです。

いっそ、したいように生き、それで世の中が素晴らしくなるように
生きたらいかがですか?
したいことが、自分も含めたみんなの利益になるように、
したいことが、自分もみんなも幸せになるように、
自他の区別なく愛せるように。

それはきっと正しいことではなく、楽しいことです。

すべき人VSしたい人

「すべき人」と「したい人」──君はどっちに入ってる?

「すべき人」は非の打ち所がない人と呼ばれる。
「したい人」は変人と呼ばれる。
「すべき人」には道がある。
「したい人」には道がない。
「すべき人」はいつも誰かを気にしてる。
「したい人」はいつも自由だ。
「すべき人」はいつでも何かのせいにできる。
「したい人」はいつでも全て自分のせいだ。
「すべき人」はみんなの評価が大事。
「したい人」は自分の評価が大事。

一体どっちが幸せなんだ?

「したい」は「自由」を、「すべき」は「制限」を、
「したい」は「解放」を、「すべき」は「束縛」を従えている。

みんな幸せになりたいんだ。
じゃあ、幸せになるためには、どうすべきだろう?
何をするのが正しいだろう?
ぼくらは一体何をしなきゃならないんだ?

こう考えてたら、なんだか全然幸せじゃなくなってきた。
ほらね、つまりはそういうこと。
幸せは、「束縛」からは生まれないんだ。

君が、東京にいて京都に行きたかったとしよう。
そうしたら、西に行くのが正解で、急ぐなら東海道新幹線に乗るべきだし、
京都に正午につきたいなら、午前9時40分には
新幹線に乗らなきゃならない。
でも、あくまで京都に行きたいと決めたのは君で、
したいことをするために「べき」があるんだ。
ほらね、つまりはそういうこと。
したいが王様で、べきが召使いなんだよ。

じゃあどうしてみんな、したいことをしないの?

いいかい。よく聞いて。
僕のいるこころの世界では、したいことはなんでもできる。
でも、この世界は象徴の世界で、空想の世界じゃないんだよ。

君が、もし悪意を持って「死ね」と命令したらみんな死んでいく。
現実の世界では君の周りから人は消えていく。
でもここは、空想の世界じゃないんだ。
ある日、気まぐれにみんなに「愛せ」と命令しても誰も生き返らないよ。
君を愛してくれる人が帰ってくるのは、君がみんなを愛した時だけだ。
この世界は君の願うことが叶うんじゃない。
君のこころのありようが叶うんだ。

この世界を水に例えよう。
水は無色透明でとても純粋だ。
常に流動する性質があるので、時や変化は止められない。

この世界では、君の想いは全て水の中を伝播する。
水の中に、スポイトで黒いインクを垂らしたら全体に広がっていくみたいにさ。
そして垂らし続ければ、いつか真っ黒になって何も見えなくなってしまう。
君が、「人のことなんて、どうだっていい」と思っていれば、それは伝播する。
君がその性質を水に与えたんだ。
だから、君はその性質の中で生きなきゃならない。
いいかい、君の出会う相手も「君のことなんて、どうだっていい」んだ。
そういう世界に君がしたんだよ。

だから、このルールがしっかり身につかないうちは、
すべきことをした方が身のためなんだ。
「すべきこと」は制限がかかっているけど、
みんながいいと決めた安全な方法だからね。

君はしたいことをしていいんだ。
でも、こころに何を思って行動するのか、すっごく考えて。

したいは「強欲」を、すべきは「節度」を、
したいは「利己」を、すべきは「利他」も従えているんだ。

そしていつか、したいこととすべきことがぴったり一致したら、
そしていつか、すべきこととしたいことの間になんの矛盾もなくなったら、
君はもう、何も迷わない。

こころの在りか

こころの在りかがどこにあるか、ご存知ですか？
胸？ 頭？
いやいやそういう話ではありません。
不安な人に、ちょっと訊ねてみます。

—いつも、どんなことを考えていますか？
「えっ……もし具合が悪くなったらどうしよう」とか、
「何か言われたらどうしよう」とか。
—う〜ん。つまり来るかどうかわからない未来の話ですね。
「まあ、そうです」
—他には、どうです？
「あの人に、あんなこと言っちゃったけど、気を悪くしなかったかな」とか、
「あの時、あんなことがなければこんなことにならなかったのに」とか。
—う〜〜ん。もう終わってしまった過去の話ですね。
「まあ、そう言えば、そうです」

まあ、私がこんなに唸ったかどうかは別として、不安な人だけでなく、
多くの人がこころを未来や過去に置いてしまい、今に生きていません。
「心ここにあらず」なのです。

皆さんは、過去現在未来を1本の線として捉えているかもしれませんが、
実は違います。
過去は記憶の中にしかなく、未来は想像の中にしかありません。
いつも私たちにあるのは「今」だけです。

私たちがすることは、過去がどうであろうと、「今、どうするか」であり、

未来がどうなるかは、「今、どうするか」だけが私たちにできる全てなのです。

ですので、「今」の使い方を私なりに紹介したいと思います。

まず、人生の力点である「今」に何を込めるかで、過去が変えられます。
例えば、「今、生きて、呼吸をしていること」
このことにあなたが、はち切れんばかりの「幸福」を込めたとしましょう。
そうすると、「過去」はあなたにとってどうでもいいことか、もしくは何があったと
してもこれで良かったと許せること、さらに言えば感謝することができます。
もしあなたが、このことに死ぬほどの「不幸」を込めたとします。
すると、まったく同じ過去が、あなたにとって決して忘れられない失敗であり、
許しがたい歴史になります。
「幸福」を込めるか、「不幸」を込めるかは、実は状況とは一切関わりません。
ただ、あなたが「今」をどう捉えるかだけが問題であり、
どうするかだけが未来を決めるのです。

では、人生の力点である「今」をどうするか？
可能だと思う、最も幸福な未来を思い描きます。
今、そのためにできることを精一杯やります。
それだけです。
それだけなんです。

ゆめゆめ今を無駄になさいませんよう。

成功する人

「成功する人」に、みんな、なりたいよね。
どうやったらそうなるか、知ってるかい？
「そう言う君はどうなのさ」って言われそうだけど、
何を「成功」と呼ぶかは、自分が決めるんだよ。
そしてこの道を選んだ君は、成功するしかないんだ。

成功する人はね、
「人の評価で生きない」。
これが第一条件だ。
人の評価で生きるってことは、その人たちから認められたい、
賞賛されたいってことなんだ。
突き詰めると「もらいたい」ってこと。
欲しい欲しいと思っても成功しない。
成功する人はね、「与えたい」んだ。
自分の価値観で、自分が素晴らしいと思うものを与えるために生きるんだよ。

次に、「やりたいことをとりあえずやってみる」。
これが、第二条件。
準備が整ってからとか、人によく訊いてからとかじゃないんだ。
そして、失敗する。
成功者はね、「失敗を恐れない」というか、「失敗と思わない」。
やってみたら、改善点がわかったので修正してまたやってみる。
これだけ。
彼らの頭は、身軽で気楽なんだ。

そして、成功者は「諦めない」。
これが、第三条件だ。
君が、成功だと思うまで、諦めない。
だから、成功しかない。

ちなみに、失敗者になるにはどうするかも教えてあげよう。
失敗者は、まず、「誰に認められるか」を考える。
これが、第一条件だ。
お金でも、名誉でも彼らにとっては、何をもらえるのかが大事なんだ。

そして、「最初の一発で成功を求める」
これが、第二条件。
どうしたらうまくいくか色々な人に訊き、準備をやたら周到にする。
失敗は賞賛から遠ざかってしまうので、どうしてもしたくない。

そして、失敗する。
そうするとひどく落ち込む。
そうするともっと念入りになる。
そして、「同じ過ちを繰り返す」
失敗が怖いから大胆に改善できないし、考え尽くして失敗すると、
どう改善していいかさえなかなか思いつけなくなる。
彼らの頭は、固くて重苦しくて、融通がきかないんだ。

最後に、失敗者は、「諦めが早い」。
「自分に向いてない」とか、「条件が悪い」とか、言い訳してやめちゃう。
「失敗を怖がる気持ち」が、すぐ「成功を求める気持ち」を追い越しちゃう。

この違いは、何から来るかわかる?
「信じるのか」
「恐れるのか」
「もらうのか」
「与えるのか」

成功する方が、よっぽど時間も労力も少なく身軽で気楽だ。

かっこいいだろ。

年収
1000万円

子どもは
有名私立

タワーマンション
暮らし

僕は
勝ち組だ。

でも
全部

なくなった。

なくなったら
死ぬと思って
たけれど

…はっ

死ぬ理由も
一緒に
なくなった。

ないないづくし

「病気だから、何もできないんです」
「お金がないから、旅行にも行けません」
「旦那がうるさいから、家にいてもちっとも楽しくない」
「やりたいことなんて、何もない」
「私なんか、何にもできない」

一人の方が全部言ったわけではないですが、こういう人は、
大概、できないことやれないことが盛りだくさんです。
「ないないづくし」と、私は呼んでいます。

言葉にはパワーがあります。
きっと、皆さんの思っているより、ずっと力があります。
「言葉を発する」ということは、「世界に向かって宣言する」ということです。
そして、何より自分に対して、「そう確定する」ということです。
「自分に烙印を押す」ということなんです。

「できない」と自分で烙印を押しておいて、できるようになったり、
やれるようになるのは至難の業です。
誰かがあなたを助けようとしても、「できない!」とあなたが
楔を打ち込んでいるので、どうにも身動き取れないんです。

ですからどのような状況でも、口に出す時は、そう言っている自分が何を望んでいるのか、
ちゃんと理解するんです。

よく、「できる」って言っておいて、できなかったら恥だから、
「できる」って期待しといて、できなかったらすごく傷つくから、

「最初から諦める」っていう人がいます。
失望に、耐えられないんです。
だったら、失望なんか、しないんです。

じゃあ、「できる」って思えば、「できる」って言えばできんの？
そうじゃあ、ないです。
もし私が「できる」と宣言したからといって、
明日、100メートルの世界記録をうち破れるわけではないんです。

まず、「あるある探し」をしましょう。
「ないないづくし」の人に戻りますよ。
何もできないくらい病気なら、時間はたっぷりあるはずです。
その時間を使って、できることを探すんです。
お金がなくても、楽しめることを探します。
究極、頭一つあれば、楽しめるんです。
うるさい旦那はどうだっていいんです。
自分の機嫌は自分でとるんです。とれるんです。
「やりたいことは何もない」んじゃありません。
やりたいことを諦めちゃったから、何もないんです。
思い出すんです。諦めないんです。
私は何にもできないんじゃなくて、自分の要求するレベルでは
何にもできないんです。
そりゃいきなりレベルが高すぎるんです。
だったらレベルを下げるんです。
そしたら何だってできます。
そこから始めるんです。

フウー！
やっと、「ある」ものが見つかりました！
そうしたら、少しずつそれを育てていくんです。
努力すれば、ほんの少しでもできていくんです。
その、ほんの少しを褒めていくんです。
決して、「それしかできないの！」と責めちゃダメです。
褒めて認めるんです。
「よおし！　今日はこれができてよかった。明日はもっとこうしよう！」
ない物ねだりをするんじゃなくて、あるものを増やしていくんです。
そうしたら、ないところがちゃんと埋まっていくんです。

そうやっていくと、100メートルの世界記録を破れるようになるの？
それは、あなたの持つ種次第、努力次第です。
だから、自分のこころの種をよく見てください。
その中に、必ずあなたらしい、あなたの望みが隠れているはずです。

それを探し出し、大事に育て、花を咲かせてください。
どんな花だって、あなたにとってそれは、最高にイカしているんです。

みんな

君らは、どうしてそんなに人と比べるの？
君らは、どうしてそんなに人の言うことを気にするの？
君らは、どうしてそんなに人の目が怖いの？

君らは、揃って言うんだ。
「だって、みんなと同じようにできないから」
んもう！ 同じようにできなくて当たり前じゃないか。
だって、違うんだから。
一緒に生きて、一緒の学校行って、一緒に暮らしてさえ、
それぞれ生きる目的は違うんだ。
幸せになりたいのは同じだけど、何が幸せかは実は全然違うんだよ。

いいかい、君が気にする「みんな」
みんなが間違ってるんだ。
「みんな」は思ってる。
「みんなと同じでいたい。でも、その中では、ほんのちょっぴりだけ
他より輝いていたい。」
そんな、細かいことできるかい！
みんながみんな、普通じゃないから恥ずかしいと思っているんだ。
普通なんてないのに。

ぎゅうぎゅう詰めの電車や、
びっちり並んだ机と椅子や、
いつも誰かに見られてる、
そんな世界の方がおかしいんだ。

いつも君らは比べるけれど、比べるのは取り繕った他人のうわべと、
うまくいかない自分の中身だ。
それじゃあ卑屈になるために比べているようなものだよ。
違ってるからって、変わってるからって笑う輩はね、自分が必死になって同じに
なろうとしている苦行が、そうでもしないと報われないからだよ。

みんな、違うんだ。
違って、いいんだ。

世の中はね、全員人間だと思うより、動物園のようにいろんな動物の集まり
だと思った方がわかりやすいし、うまくいく。
違っていることを、咎めたり、責めたりしないだろ。
もう同じ箱に詰められるのは、おしまいだ。
いかに自分らしく生き、周りに愛を与えられるか考えるんだ。

自分に何があるか見てごらん。
そのハートにあるちっちゃなお財布で、
みんなのために何が買えるかやってごらん。

これから

何をすれば
いいんだろう

ぽてぽて

あれはいつかの
負け組夫婦…

…そうか

最初から
勝ち負け
なんて
ないんだ。

しなきゃいけ
ない事も
ならなきゃ
ならないものも
ない。

君は君で
僕は僕で
いいんだ。

我 慢

「私はずっとガマンしてきました」
「ガマンするしかないと思ってます」
こんな風に告白される時があります。

「ガマン」って何でしょう？
見上げた根性？
悲壮な決意？
もしそれが、自ら最善と思って決めた曇りない姿勢なら、
それを「忍耐」と呼びます。
そうでないなら、それは受け入れることもできない、拒絶することもできない、
行き場のない態度です。

「負の貯金」と私は呼んでいます。

感情にはエネルギーがあり、我慢して貯めるのは、
「怒り」「不満」「妬み」「恨み」など、当然負のエネルギーです。
こうしたエネルギーは、発散するなり昇華するなりして解決しない限り、
実はなくなっていくことはありません。ただひたすら溜まっていくだけです。
これは相当にきついことなので、よく皆さんが「愚痴」とか「悪口」といった形で
他の人に放出し、何とか臨界値を越えないよう、負のエネルギー量を
下げているわけです。
「堪忍袋の緒が切れる」というのは、まさしく臨界点に達し爆発したわけで、
大概はそれ自体は些細なきっかけであり、「いきなりキレて」しまいます。
キレられた相手は、なぜ今まで当たり前だったことで相手がいきなり切れるの
か、相手が何を苦しんでいたのか、気づいてさえいないことの方が多いのです。
その結果、どうしようもない禍根を残してしまうことがあります。

では仮に、「ガマン」し続けたとしましょう。

すると負のエネルギーは変成します。

相手に対する方向性を失い、自らを攻撃し始めます。ある日突然、胸が苦しく
なったり、めまいが出たりと、いわゆる自律神経が失調し始め、心臓病や呼吸
器・消化器、ありとあらゆる病気の下地となります。

そんな感情を決して溜め込んではいけないのです。

敢えて申し上げます。

「ガマン」は美徳ではなく、怠惰です。

解決しなければいけない問題を棚上げにしているだけです。

感情の糸のもつれは、もはや放置されている玉のようなものです。

放っておくととんとん大きくなり、そのうちどこかの糸が切れ、

自分も相手もひどく傷つけます。

最初はごく小さく、大したことではないので、

「自分が我慢すればうまくいく」みんなそう言います。

でもそれが、毎日毎月毎年になったらどうします?

みんな相手のために我慢し、「俺だって我慢してるんだ!!」

なんて我慢の比べ合いになります。

結局、それが原因で破綻するんです。

もしくは破綻しているのに、そう見せないように我慢し続けます。

「ガマン」をやめたらどうなりますか?

皆さん、もっとひどいことになると言います。

真にそうなら、立ち去ればいいのです。その関係をやめるだけです。

しかし、必ずやめない原因があります。
やめるのも怖いのです。
結局我慢とは、自分の恐怖にがんじがらめになっていることです。

ではあなたは何を恐れているのでしょうか?
あらゆる種類の暴力?
でも、間違いなく、あなたが恐怖に縮こまれば縮こまるほど、
相手はもっと大きく恐ろしくなっていきます。
それは相手が大きくなったのではなく、あなたが小さくなったのです。

関係を断つと、一人では生きていけませんか?
相手なしでは生きていけないと決めてしまったのは、
本当は能力の問題ではなく、あなたの勇気の問題です。

もう一つ、なぜ、相手を受け入れることができないのでしょう?
何が許せないのでしょう?
そうまでして、あなたは何にこだわっているのでしょう。

我慢の解決法について、ここで一概に述べることはできません。
しかし、何より大切なのが「ガマン」は解決法ではなく、
何も解決していないことなのだと理解することです。

苦労して糸を解くと、人生が変わり、全てが変わります。
誰も傷つけず、誰にも傷つけられず、我慢しない、人生です。

こころの嵐

だいたい、君らはこころの中にいる時間が少なすぎるよ。
自分のこころの中にいないで、
自分のこころを観ないで、
ただ、外に向かって反応するんだ。

訊くと、ただ「ムカッとしたから」とか、「怖かったから」
とか言って、「なんでムカッとしたのか」、「なんで怖かったのか」は
ちっとも知らないんだ。
自分でも訳のわからない理由で、ただ反応して怒鳴ったり泣いたりしてたら、
壊れたオモチャみたいじゃないか。

みんな「俺をイライラさせんな」とか「心配かけないで！」とか、
自分を不愉快にする相手を責めるけど、
イライラするのも心配するのもみんな自分のこころじゃないか。
自分のこころの世話を相手にしてもらうなんて、本当はすごく恥ずかしいんだ。

もちろん、悪意を向けられたり、約束を破られたりして不快なこともあるだろう。
でもそうしたらすることは、悪意を向けられないように、約束を守ってもらうよう
にどうするか考えることで、怒ったり、わめいたり、恨んだり、呪ったりすること
じゃないはずだ。
だって、そうしたってちっとも解決しないんだよ。

いいかい、自分の中で湧き上がる気持ちには、必ず、全て、理由がある。
どんなにこんがらがっていようと、どこかが少し壊れてようと、理由はあるんだ。

だから、その理由を知るために、こころを覗いて
自分の怒りを、自分の恐怖を観てみるんだ。
怒った時、悲しい時、苦しい時、許せない時、反応しちゃう前に、もしくは、
反応してても、自分のこころを観るんだよ。
「観る」っていうのはその声を聞き、姿を見、こころ全てを感じとること。
吹き荒れている嵐には巻き込まれないんだ。
もしできなかったら、嵐の後でもいい。
冷静になって、やってみてごらん。
「ああ、俺はできない自分を見たくないんだ」
「ああ、私は失うことがどうしようもなく怖いんだ」
なんであれ、気がつけば、言葉にできれば手放す方法がある。
放課後に、厄介なことをしでかした生徒の話を親身になって聴いてやる
先生みたいにさ。
そして違う方法はないのか一緒に考えてやるんだ。
嵐を引き起こしたのは、他の誰かでも何かでもない、自分自身なんだから。

外側に向かうんじゃない。
内側に目を凝らすんだ。
できる限り踏ん張って、できる限り冷静に、
自分の中の拳のように固くなったこころを見つめるんだ。
自分の一番の相談相手は、自分自身なんだよ。

大愛持ちになろう！

あなたは愛情をお持ちですか？
って、もちろんお持ちですよね。
未だかつて持っていない人にお会いしたことはないし、
まあ、持っていないということは存在としてあり得ないと思います。

感情には法則があります。
「与えたものが、受け取るもの」

ここではこの法則に則って、愛情についてお金のようにその流れを追い、
あなたの家計簿をちょっと覗いてみたいと思います。

まず、あなたが愛情をどこに注いでいるか、多いところから見てください。
自分ですか？　子どもですか？　仕事ですか？　パートナーですか？
それとも何か特別なもの？？

もし、自分以外の物や人から答えた方がいらっしゃるなら、
（実は多いと思いますが）
要注意です。貧乏の始まりです。

何かに愛情を注ぐには、自分がたっぷり持っていないといけません。
なけなしのものを与えてしまうと、そりゃ飢えてしまうからです。

ですからたっぷり持つために、まず自分自身を愛するんです。
「それって、自己中じゃないの？」
違います。
「いわゆるナルシスト？」

違います。
自分を愛さなかったら、自分から愛は生まれません。

「無条件に自分を愛する」
これが、とっても難しい。
そのため、愛情貧乏になってみんな苦労するんです。

わかりやすく、例にとって説明しましょう。
自分を愛せない人がいます。自分に愛を与えないので、受け取ることができません。
生み出せないのです。
とても貧しく苦しいので、人からなんとかしてもらうしかありません。
なので色々考えます。
ある人は、ひたすら必死に人の言うことを聞き、
褒めて評価されて愛情を得ようとします。
そういう人は、信じられないほど尽くします。
とても、頑張り屋さんです。
でも、いつも評価を気にし、断るべきことも断ることができず、嫌われることに怯え、
自分の期待する愛情が返ってこないと恨む傾向があります。
それはそうでしょう？
その人からの愛情で生きているのですから。相手の気分で自分の価値が、自分
の値段が決まるのです。だからいつも、他人と自分をひき比べ、ビクビクしています。

ある人は、いかに自分が苦しくて辛いかを訴え、同情を得ます。
それで稼ぎます。
場合によっては、被害者になり、相手から同情を得ます。

醜いように見えるかもしれませんが、それしか稼いでいく道を思いつかないので
仕方ありません。
「生きてかなきゃならないんだよ!」
こんな感じです。

多くの人は、条件付きで自分に愛情を与えます。(親がそうであったように)
成績が良かったら、競争に勝ったら、完璧だったら……愛してあげる。
これはとても危険です。
強いモチベーションとなり、社会で成功者となることもありますが、
いつまでも条件を満たせるわけもなく、維持するためのプレッシャーや、
そうじゃなくなった時の失意を乗り越えられない人がたくさんいます。
「39キロの私は愛してあげるけど、40キロの私は生きる価値がない」
極端に言うとこんな感じです。
気が小さい子に限って、ものすごく自分を強く見せたりします。
脅す人、怒鳴り散らす人、見下す人、こういう人たちは、
他の人の上に立つ時だけ、自分を愛せるのです。
みんな、周囲から、愛情や同情・賞賛といったエネルギーを得るのに必死です。
これで世の中が回っていると言っても過言ではありません。

自分が、金の卵を産む鶏だと知らないんです。

試しに、無条件に自分に愛を与えてみましょう。
この、今の、ありのままの自分をよしとします。

いつも自分に愛を与えていると、自分から愛情を引き出せるので、
ある意味自己完結します。
自給自足です。造幣局のようなものです。
もう、必死になって、奪ったりもらったりしなくていいんです。
すると、どうなると思います？
何もしない？
とんでもない。
好きなことに、愛情を使うのです。
誰かが求めてきたら、気前よく与えます。
自分は十分持っているので、見返りも期待しません。
そうして自分の出会うもの、楽しいと思う道筋に愛情を振りまいていきます。
仕事でも人間関係でも、熱意を持って愛情を注ぎ行動します。
そうすると、みんなから愛が返ってきて、さらにあなたの愛情は大きく深くなります。
そうしてまた、溢れるものを与えていくんです。

自分に条件をつけないのですから相手にも条件をつけません。
限りあるものを奪い合うのではなく、
限りないものを与え合うのです。

これが、大愛持ちの秘訣です。

自分の愛し方

宇宙の中の君の住所は、知ってるかい?
みんなもちろん人間が名前をくっつけたものだけどさ。
僕的、君の住所だ。

ぼくらのまだ知らない宇宙の中の、なんとか知り得た少なくとも1700億個の
銀河の中の、ぼくらがうお座・くじら座超銀河団コンプレックスと名付けた長さ
10億光年の星の集まりの中の、おとめ座超銀河団の局部銀河群の中にある
10万光年の天の川銀河の中の、2000億個の恒星の中の、オリオン腕にある
点のように小さい30兆キロメートルの太陽系の第3惑星地球にいる君だ。

「だから、なんなのさ」って思った?
それは、君が君の世界を、気に入らない父親とうっとうしい母親と唯一
かわいい犬のいる家とつまらない学校とくだらない友人の中の君、とか、
何が何でも頑張らなきゃいけない会社と帰ってもたった一人の世界の君、
とか、
面倒みなきゃいけない子どもと、面倒みなきゃいけない親と、
面倒みなきゃいけない自分を抱えてる世界の君、とか、
あんまり世界が小さいんで、もう居場所を見つけられないようなところに
君が住んでるから言ったんだよ。

足元の小石も、かわいがってる犬も、君も、大統領も、太陽も、銀河の中心も、
どこかで瞬く星も、同じだけ、この世界でこの宇宙で居場所を与えられて
いるんだ。
たとえ君が死んだって、居場所はなくならない。
他の何かに形を変えるだけだ。
必ずこの世界に君の席はある。

犬や小石と一緒の権利じゃ嫌かい?
君の小さな世界でヒーローにならないとダメ?
じゃあ、視点を変えよう。

君は君の小さな世界の中で、醜くて、浅ましくて、惨めだ。
でも実は、君が出会う人、付き合う人、親も、教師も、同僚も、上司も
みんな醜くて、浅ましくて、惨めだ。
他の人が素敵に見えるのは、君と同じように隠してるだけか、
君と同じように、忘れてるだけだ。
でも、そういう君は絶対満たされない。
そういうみんなも絶対満たされない。
いかに、満たされたふりをするか、それを競っているようなものなんだ。

人には実は2種類しかいない。
醜くて浅ましくて、惨めな自分に気づき向かっていく人間と、
醜くて浅ましくて、惨めな自分を許さず逃げていく人間だ。
どっちも人生だし、どっちも学ぶことはある。

でももし、自分を愛したいなら、満たしたいなら向かっていくしかない。
自分の醜さを、自分の浅ましさを、惨めな自分を抱きしめるしかないんだ。
許せない自分、こだわる自分は全てすっかり捨ててしまうんだ。
いっそのこと醜さと浅ましさと惨めさだけになってしまった方がいい。
そうしたら、もう、守るものは何もない。
そんな命だって、太陽と同じだけ価値がある。
そうしたら、どんな人のどんな醜さも浅ましさも、許せるようになる。

気がついて、手にとって、初めて捨てることができる。
そうして一つ一つ醜さを、浅ましさを消していくんだ。
そしたらいつか全部なくなる。
全部何も持ってないということは、いつでもなんでも持てるということなんだ。
いつか君がヒーローになった時、君の世界の境界はどこにもない。

どう、これも難しい?
抽象的すぎる?
うーーん。

わかった。
簡単だよ。
自分の嫌いなとこ、捨てればいいんだ。
嫌いなのに、持ってるなんておかしいから。

はい、捨てたかい?
捨てられない?
どうして?

自分の虎の子のプライドとくっついてる?
うん、そういうものだ。
だから丸ごと捨ててって言ったじゃない。
丸ごと、自分を。
そしたら、愛だけが残る。

またわかりにくい?

自分のことを「エゴ」って呼んでもいい。
毎日毎日、溺れないように沈まないように必死で君らは泳いでる。
何かをつかもうと、きっとどこかに着くはずだと。
でも、一旦泳ぐのを一切やめたらいいんだ。
何かすることを、何かしようとすることを、一切やめたらいいんだ。
そしたら君のエゴは、沈んじゃう、溺れちゃうっていうけど、
やってみてごらん。

大丈夫、消えやしないよ。
泳ぐのをやめると、
そのうち、ぽっかり浮かんでいることに気がつくんだ。
空には、今まであったのに気がつかなかった満天の星が瞬いている。
君が静謐の中にそっと浮かんでいるなら、
星の瞬きも聞こえるだろう。
それを愛以外になんて呼ぶの。
僕にはこれ以上簡単には言い表せないよ

自分を愛するっていうのはね、全てを愛するってことだ。
そしたらその中に、ちゃんと君もいるから。

迷惑はかけたくないあなたへ

「迷惑はかけたくないんです」
──なるほど、ごもっともです。
では、迷惑かどうか相手に訊いて、「迷惑だ」と相手が言ったら
おやめになったらいかがですか？
「ええ!?……そんなこと、訊けません！」

まあ、そうでしょう。
こうお勧めして、その場で納得された方は一人もおりません。
そこが、問題なのです。
「迷惑はかけたくない」
この言葉に込められた災いは実は大きいんです。

迷惑をかけたくない人は、基本、人に尽くします。
人から頼まれたり、頼られたりしても、およそ断りません。
相手の期待にそって、感謝されること・認められることが
その人の価値であり自負なのです。
一方、人に頼むこと、頼ることに対してはものすごく弱気です。
許さないと言ってもいいでしょう。
人から頼まれるのはいいんです。
人に頼むのはダメなんです。
「逆差別」と私は呼んでいます。

彼らにとって、人に頼むのは、自分の価値が下がることです。
人に頼るのは、自分が弱くなってしまった証拠です。
もし、頼んで相手が「いいよ」と言ってくれても、
その言葉を信頼することができません。

なぜなら、自分が頼まれた時に、
「本当は苦しいのに」
「本当はしたくないのに」
いいよと受け入れているからです。
「きっと迷惑に決まっている」と相手のこころの中を勝手に推し量ってしまう
のは、実は、自分のこころの裏返しなのです。

頼ることや助けられることは、そんなに価値のない、悪いことでしょうか？
そうした人間関係を、強弱もしくは上下と捉えたらそうなります。
でも、考えてみてください。
誰かに奉仕するためには、奉仕される人が必要です。
誰かを助けるためには、助けられる人が必要です。
奉仕し、得られる何かを奉仕される人は与えます。
助ける喜びと生きがいを、助けられる人は与えるんです。
それは、相互作用です。

一方通行ではだめなんです。
循環しなきゃダメなんです。
世界が「迷惑かけたくない人」しかいなかったら、おかしいでしょ。
救う人だけいて、救われる人がいないので、結局みんな救われないのです。

「辛かったら」「苦しかったら」「自分だけでどうにもならなかったら」
とりあえず頼ってみてください。
迷惑かどうか判断するのは、相手の権利なので奪っちゃいけません。

相手が、「いいよ」と言ったら、助けてもらうんです。
それに見合うだけ感謝するんです。
そうしたら、その相手との絆が一回り強くなります。

「助ける立場になったら一生懸命助けて感謝される。
助けられる立場になったら一生懸命助けられて感謝する」

これで初めて、世の中丸く収まるのです。

人間関係

「人間関係」って言葉、なんだかドヨーンとするよね。
「もっとも訳わからん言葉」とか、「もっともうんざりする言葉」
とかと同義だ。
なんでこんなに厄介なんだろう。

小さい時に、「自分の嫌なことを人にしてはいけません」
なんて習うけれど、それきり誰もこのうんざりする言葉について
教えてくれないんだ。

そもそも、「自分の嫌なことを人にする奴」ってどんなヤツだと思う?
ご機嫌で自分の嫌なことを人にする奴がいるとしたら、「いけません」なんて
ことはわかっててやる特別なヤツだ。
そういう人になりたいならなればいいし、付き合いたいなら付き合えばいい。
僕は止めやしないよ。
そいつは、自分の顛末に幸福がないことは知ってるだろう。

こういうルールの人は結構いる。
「自分の嫌なことを人にしてはいけません。ただし、自分の利益が勝る時は
別です」
まあ、お金のために人を裏切るとか、人を引き倒しても、自分が生き残るとか。
これはね、実は「自分の嫌なことを人にするより、自分が損をする方がもっと
嫌だ」ってことなんだ。
人の痛みより自分の痛みの方が怖いんだよ。

どう生きようと勝手だけれど、相手を傷つけた方が得する場面なんて
本当はないんだ。

与えたものは、返ってくるって言ったじゃないか。
社会はそう回っているようには見えないかもしれない。
でも、より大きな世界はそう回っているんだ。
タネを蒔いたら収穫するように。

本当の問題は、自分から嫌なことはもちろんするつもりはない。でも、自分の
嫌なことを人がしてきたらどうするのか、誰も教えてくれなかったことなんだ。

誰だって、嫌なことをされて傷つけられるのは嫌だ。
だから人にしてはいけない。
でも、相手がしてきたら?
逃げられなかったら?

ある人は、自分の嫌なことを相手がしてきたら、やっつけていいと思ってる。
3倍返しだっていいと思ってる。
目障りな蚊は叩き潰していいように。
ある人は、同じ力でやり返すのは正当だと思ってる。
思い知らせてやるために。
ある人は、止めるのは構わないと思ってる。
正当防衛も仕方がないと思ってる。
ある人は、怖いから我慢するしかないと思ってる。
恨むしかないと思ってる。

どうすればうまくいくの?

いいかい、大切なことを言うよ。
学校では、「自分にとって嫌なことが、相手にとっても嫌だとは全く限りません」
とは、教えてくれなかったんだ。

君が嫌なことをされた時、実は、相手はそれは全く嫌じゃないんだ。
だからちっともわからない。
それなのに、君が相手を叩き潰したら、相手は自分が先にされたと思って
やり返すだろう。
君が嫌なことをされた時、実は、相手は自分の方が先に嫌なことをされたと
思っている。
君には、嫌なことをした気は全くない。
でも、相手は嫌なことをされたんだよ。
だから、相手は、相手なりに嫌なことをされた時の自分が正当だと思っている
行動をとる。
それが何であれ。

それぐらい、人って違うんだ。
それなのに、君たちは、違いを、嫌なことを話し合おうとする時に、
いつもどちらが正しいかって話にすり替える。
違いを認めない。
そして、結局強いものが正しいんだ。

嫌なことっていうのはね、実は、たった一人、自分の問題なんだ。
相手の問題じゃないんだ。

もし殴られたら痛いけれど、それだって嫌なこととは本当は別なんだ。
だから、世の中には愛あるげんこつってものがあるんだよ。

自分の問題なのに、相手のせいにするから、人間関係がうまくいかないんだ。
嫌なことに嫌なことを上乗せして、泥団子を投げ合っている限り、
人間関係はうまくいかない。
間違ってたり、ルール違反なら、そう言えばいい。
でも、その時、嫌な気持ちになる必要はないんだ。

嫌な気持ちが湧き上がってきたら、踏ん張って、それを見つめるんだ。
その謎が解けるまで。

嫌なことが減っていくと、人間関係も嫌じゃなくなっていく。
自分が厄介な人間な分だけ、人間関係も厄介だったんだ。

一つ、紹介しよう。
「こころから助けてきた人が、それに応えるどころか、深く、理不尽に自分を
傷つけてきても、その人を聖なる師としてみなせますように」

僕が言ったんじゃないよ。
千年ほど前にいたランリ・タンパというチベットのラマの教えだ。
こうしろと言ってるんじゃない。
でも、千年経っても、この教えは有効だ。

老いるとは

「老いる」とは、どういうことでしょう?

決して、「となた」というわけではないですよ。
老いることを、「失っていくこと」として捉えた人がいるとします。
若さを失い、健康を失い、仕事を失い、友人を失い、伴侶を失う。
できることがなくなり、したいこともなく、「死」という暗い穴に向かって、
怯えあがきながらとぼとぼ下り坂を下っていく……。
ヒョー!!　書いている私が震えてきました。

毎日毎日失う不安に耐え、楽しみもなく、病院通いだけが仕事で、
「目が悪いから本も読めず」「耳が悪いからテレビも聞こえず」
「足が悪いから散歩もできず」「体のどこかがいつも痛くて動くこともままならず」
「生きたくもないが死ぬのも怖く」
「せめて話せるなら、歌でも歌ったら?」と勧めると、決まって「歌は嫌い」です。

人生の最後にこれはないですよね。
ですが、「老いる」ことを「失うこと」と捉えると、必然的に当たらずとも遠からずな
人生になってしまいます。

ですから、やめます。「失いません」。

「老いる」ことは「片付いていくこと」と捉えてみます。
若い時は色々やってみました。
就職してみたり、結婚してみたり、子どもができたり、引越したり……
冒険をしたかもしれないし、失敗もしたかもしれません。
でも、みんな片付いていきます。

ちょうど、人生の囲碁の「陣地」が決まっていくような感じです。
まあ、こんなものです。
これでいいんです。
でも、最後まで決着のつかないところがあります。
それが「生きる」ということです。

ですから、「老いる」ことは「生きる」ことです。
「生きる」ことの達人になることです。

「生きる」ことの達人てどんな感じでしょう?

どのような状況でも「生きる」ことの喜びを見つけられることです。
今日はよく眠れたとか、
味噌汁がうまかったとか、
いいウンチが出たとか、
庭先の花が咲いたとか、
そういうことが喜びです。

みんな片付いてしまったので、
ちょっと新しいことをしてみてもいいかもしれません。
「死ぬまでに行きたい5つの土地」とか、
「80歳から始める水彩画」とか。
自分の可能性を閉じず、何が何でも楽しむことです。

そうしたら、「死」は「終わり」じゃありません。
「あがり」です。

お金と感謝

君が、もし何か誰かの役に立つことをして、ただ、それに見合うお金が
機械から君の手元に渡されるのと、ただ、それに見合う感謝が相手から君に
与えられるのと、どっちを選ぶ?

状況による?
もちろんどっちも欲しいよね。
でも、ここではどちらかなんだ。

感謝じゃ腹はふくれない。
学費や、ローンや、お金が無くて困っていたらお金を取る?
借金抱えて、慈善事業もないだろ。
あり余っていたら感謝でいい?
そういうこと?

どちらが正しいという話じゃない。
ただ、僕が言いたいのは、可能性の話なんだ。
こころの話なんだよ。

もしお金を取ったとしよう。
お金は中立なエネルギーだ。
食べ物にも、家にも、娯楽にも、権力にも変換できる。
ある意味、力といってもいい。
今、物が必要なら、今、力が必要ならお金は絶大だ。
ただし、一旦中立になってしまうから、人との縁は切れてしまうんだ。
良くも悪くもこころは途切れる。

もし感謝を取ったとしよう。
これは、その人との間に縁ができ、こころが繋がったことになる。
その人が感謝を覚えている限り、君に善きものを与え続ける。
君が見てないところでも、誰かに「あの人はいい人だった」と呟くんだ。
そうして、縁が広がっていく。可能性は広がっていくんだ。
それは、いつか君に思わぬチャンスとして返ってくるかもしれない。

もし、君が何か誰かの世話になったとして、
それに見合うお金を払い縁が切れるのと、
それに見合う感謝をして心に残るのとどっちを選ぶ?
もちろんどっちもしたいよね。
でもここでも、どちらかなんだ。

その人が、本当に良くしてくれたのなら、こころを返さずにはいられない。
それきり忘れることもできない。
縁があれば、いつでも感謝するだろう。

お金はビジネスライクだ。
ギブ&テイク。後腐れなし。縁もなし。
嫌いな人には、都合がいい。

いいかい、お金と感謝を両方もらえる時、お金はそれきりのもので、
感謝はこれからのものなんだ。
お金と感謝の両方支払う時、自分にとって大事な人であればあるほど
感謝するんだよ。

お金は中立なエネルギーだって、言ったよね。
どうせなら「ありがとう」を山ほど乗せて、バラ色にして渡そうよ。
そうしたら、その人はいつまでも君を覚えてる。
また出会う時、相手にとっても、君はもっと大事な人になるんだ。

金さえあればいいという人は、金が与えるものしか手に入らない。
君が倒れても、金で雇わなければ誰も助けに来ない。
感謝のある人は、お金なんかなくても、誰からも愛される。
君が倒れたら、必ず誰かが助けに来る。

もし年取って、働けなくなって、人の世話にならなきゃいけなくなっても、
感謝はできる。
それに見合う財産はない。

受け継いだもの

今の「私」を作っているものはなんでしょう。
「私」は過去の経験の集積です。
過去の経験は、「私」の記憶となっています。
私たちは将来ばかりを気にしていますが、時に過去の記憶の引き出しを開け、
自分しか知らない「自分史」を見つめることは、とても大切なことです。

今回は、私の両親について、少しお話ししたいと思います。

私の父は7人兄弟の長男として極貧の家庭に生まれました。
下の兄弟たちの面倒を見ながら売血したお金で本を買い、医者となった後は
生涯町医者として、赤ひげ先生を地でいくような人でありました。
母は裕福な家に生まれ深い信仰を持ち、修道院に入るか悩んだ末、
薬学を学び千葉の僻地の病院で父と出会ったのです。
こう書くと、すごいロマンスと素晴らしい家庭が待っているように聞こえますが、
実際は、医院兼自宅には患者が押し寄せ、両親は往診に飛び回り、
電話は鳴り、家は汚く、子ども達は置き去りにされ、どこにも団欒はないといった
家庭でした。
両親は深く子ども達を愛していましたが、病んだ人・貧しい人を救うという
父の信念と母の信仰が家族を押しつぶしていました。
父の、苛烈なまでに人を救い自分を省みないという姿は、そのまま家族を
省みないという姿勢になっていたのです。
子どもにとっては、患者でいっぱいになった救急外来の片隅に家があり、そこで
いつ帰ってくるかわからない親を待ち、帰ってきた両親は疲れ切っているか、
悪くすると仕事で気の立った父に訳もわからず怒鳴り倒されるというような
毎日でした。

「やっと、やっと脱出できる」。そう思って18歳で家を出た時、私自身が何を身につけて世の中に出たのか、知る由もありませんでした。

その後、人に尽くすことと人に従うことの差を、自分を犠牲にすることと自分をないがしろにすることの違いをわかるまでに、随分かかったように思います。

その私も医者になり、こうして「こころ」について語っているのは、
なるほどと思わずにいられません。
また私が「ねばならない」という強迫にも似た観念から、深く自分を傷つけたのもなるほどと思わずにいられません。

当たり前のように身についていることが、苦しみの原因であることがあります。
両親の大きな恩恵に気づくこともあります。
もし、親から受け継いだものであなたが苦しんでいるとしたら、それは親を恨むということではなく両親も苦しんでいたということなのです。
あなたがそこから脱すれば、両親も救えるということなのです。

ひとり親でも、育ての親でもなんでも構いませんが、今まで育ってきた環境があなたの持っている課題であり、それから何を学びどうするかを問われているのだと思えば、各々がただ自分史と向き合うだけで、人の課題を羨ましがったり、覗き込もうとはしないのです。
そしてなんであれ、学び、理解し、過去の扉を閉じて前に進むのです。

このことにやっと気がついた時、私の両親はすでに他界していました。
皆さんは、間に合うかもしれません。
この両親の元に生まれてきたのには、きっと意味があるのです。

た と え 話

たとえ話をしたいんだけどいいかな。

君は、受験生の息子を抱え気が気じゃない。

志望校も決まり、あとは邁進して勉強するだけだというのに、
居間でダラダラ、スマホをぐるぐる。
煮え切らない態度に、いけないと思いつつ
「今は、そんなことしている場合じゃないだろ」とか、
「いつまでもそんなことしてると、どこにも行けないぞ!」
なんて、叱咤する。
すると彼は、不機嫌な顔で
「うるせーなー」とか、「わかってるよ!」とか、
下手すると無視する。
その態度に呆れた君は、ついつい問い詰める。
正論で追い立てちゃうんだ。
すると、もうダメだ。
バーンとブチ切れるか、睨んで自分の部屋に消えてくか、
まあそんなところだろう。

いいかい、君の息子はバカじゃない。
勉強しなきゃいけないことなんてうんざりするほどわかっている人に
「勉強しろ」なんて言う方がバカだよ。
わかっているのにしないのは、しないかできない理由があるんだ。
目的地まで行く道が塞がって立ち往生しているのに、後ろからブーブーと
クラクション鳴らしたら彼らだって「わかってるけど行けねーんだよ!」
と怒るに決まってる。

やらない理由は、自分の学力を過信し、慢心してたかをくくっているか、
受験どころか、生きることさえ意義が見つけられず、何もかもどうだっていい
と思っているか、やらなきゃいけないことはわかってるけど、
どうやったらいいのか、蓋を開けたらどれだけやばいか立ち向かう自信がない
ため、すくんで逃げているか。
まあ、そんなところだ。
君のやってるお説教が効くのは最初だけだよ。
そしてそんなことは滅多にない。
生きる意義や、自信がない彼らに、「落ちたらどうすんの」とか「なんでできない
の」とか、ますます不安を煽り落ち込ませたら、もっと奈落に落ちていく。

彼らに必要なのは、自分にはやれる、できると思うこと。
自分に対する信頼と自分を誇れるこころだよ。
「だから、お前はダメなんだ」みたいなセリフじゃうまく行きっこないんだ。
救えなきゃ、正しいもへったくれもないよ。

まあ、そんなことも、わかってるかもしれない。
でも、心配でついつい言ってしまうのは、実は自分の不安を相手に
押し付けているんだ。
受験に失敗した子の親になりたくないし、自分のせいにもなりたくない。
子どものためと称して、自分のために追い詰めてしまうんだ。

追い詰めに追い詰めてできる場合もあるだろう。
「できない奴は人間失格だ」
「ここでできるかどうかで人生の勝敗が決まる」みたいなやつだよ。

恐怖に追われて確かに成功することもあるけど
僕は決してお勧めしないよ。
代償がでかすぎる。

物事を「しないとダメになる」というような恐怖で解決するパターンを身につけ
てしまうと、そりゃ成功はするかもしれないが、決して幸せにならない。
幸せにならないでなんのために成功するのさ。
もっとダメなのは、この考えだと、失敗した奴は人間失格で敗者だ。
そうすると、必ずそういう人達を見下すようになる。
人を見下して生きる人生にも幸せは来ない。
僕はそう思うよ。
不安や恐怖が、いかに人のこころに障壁を作るかわかったかい?
こころの世界では、それは閉じ込められたり追い詰められたりしてあんまり
怖いもんだから、恐怖ごと切り離して地面に埋めちゃったりする。
もがく自分ごとだよ。
これが、彼の棘になる。

知らないふりしてやり過ごし、誰かがそれを思い出させるようなことを言うと、
痛くてブチ切れるんだ。
それが、最初の場面だよ。
そうして、もめてるうちになんとか彼は受験に合格したとする。
そうすれば、比較的浅いところに埋まっていた自分を掘り起こし、
この経験から学べば、もう自分を埋めなくて済む。
でももし、受験に失敗したとしよう。
すると、その失意と苦痛はもがく自分にさらなる杭として打ち込まれる。
そしてもっとずっと深くに埋められるんだ。

彼は大人になると、学歴にとても敏感になる。
学歴がある奴の前に立つと、卑屈になるんだ。
そして「あいつは鼻持ちならない!」なんて言ったりする。
子どもが生まれると、何が何でもいい学校に入れようとする。
彼にとっては、リベンジなんだ。

もしくは、自分にもう一度杭を打たねばならない恐怖からかもしれない。
そして、親とおんなじことをするんだ。
もっと強く。

みんな、いつかは自分を助けに行かなきゃならない。
見つからないわけじゃない。
見ないんだ。
いつもそこにいるのに。

これはたとえ話だよ。

なぜ、傷つくのか。

自分にまつわる全てのことはこころから始まるのに、見ようとしない本当の理由
を、みんなうっすらとわかっています。
中にあんまりいいものが転がっていないことをわかっているんです。

本当の自分は、誰もが美しいのです。生まれた時は誰もが美しいのです。
でも、この世界は、しちゃいけないこととしなきゃいけないことで溢れていて、
生き抜くうちに、自分にたくさんの楔を打ち込んでしまいます。

何をしても親に愛されなかった子どもは
「本当の自分は愛されない」と楔を打ちます。
親の言うことを聞かないと愛されない子どもは、
「従わないと愛されない」と楔を打ちます。
いけないことをすると、叩かれる子は
「正しくないものは罰せられる」と楔を打ちます。

「本当の自分は愛されない」子どもは、
嘘をつき、暴力を振るっても愛を奪いにいきます。
「従わないと愛されない」子どもは、
相手の要求を飲み続け、自分の望みを放棄します。
「正しくないものは罰せられる」子どもは、
誰も許しません。

奪おうとすると争いになるので、彼らにとって世界は敵です。
要求を常に突きつけられるので、彼らにとって世界は脅威です。
誰も許さないので、彼らはいつも世界に怒っています。

そうしてどんどん、知らず知らずに次の楔が打ち込まれ、いつのまにか、
こころは棘だらけになり、負の感情で取り巻かれます。
触るととても痛いので、見ないように、触らないように、見られないように、
触られないように見せかけの自分でコーティングします。

それが、あなたです。
棘だらけの人は、自分をうまく繕えません。
だから、すぐ怒り、すぐ泣き、すぐ恨み、すぐ落ち込むのです。

あなたはいつも世界に対し、
あの人のせいで、あいつらのせいで、あの会社のせいで、あの社会のせいで、
怒り、泣き、恨み、落ち込むのだと言います。
でも、あなたの感情を支配しているのは、世界でただ一人、あなただけです。
もし、あなたがこの世で最も嫌いな人に出会うなら、その人はあなたの仮面を
剥ぎ取り、あなたの一番見たくない姿を暴き、見せつける人なのです。

「怒り」「悲しみ」「恨み」「孤独」そういったこころのタグを見つめ、
手繰（たぐ）っていくと楔に突き当たります。
そこに傷ついたあなたが隠れています。
許し、癒し、愛してください。
抱きしめ、慰め、もう終わったことを告げるのです。

楔が消えれば、もうあなたは傷つきません。
傷つく自分は、もうそこにはいないからです。

根っこほり

さあて、そろそろ、傷ついた自分を救いに行こう。

こころの中を探って、一番嫌なところ、一番触れたくないところに
埋もれているよ。
ちょっと触ると、モーレツに痛いからすぐわかる。

掘り出し方がわからない人のために、
徹底インタビュー方式、「根っこほり」を伝授しよう。

やり方は簡単だが、守るのは難しい。
掘っていく過程で、絶対に妥協も矛盾も許さないんだ。
例えば、「1たす1は3だ」って言い張ったらそこからどんな方程式を
展開しようと間違ってしまうように、こころの中に矛盾があったら、
そこからどんなに理屈をこねても間違ってるんだ。
まず、何が出てこようと矛盾してたらその考えを捨てる約束だ。
徹底的にやるんだよ。

「太陽は、ケチって私にはあまり降り注いでくれません」
みたいな理屈、捨てるしかないだろ。
自分で、自分の矛盾を突き止めるんだよ。
自分の垢をそぎ落とすんだ。
できそう?
行くよ。

ある人が呟く。
「私なんか、生きる価値がない」

ーどうして?

「何もできないし」

ー何ができないの?

「何もかも。仕事も、生活も、やろうと思っても、ちっともうまくいかず
迷惑かけてばかり」

ー自分の思い通りにいかず、人に迷惑をかけると生きる価値がないと?

「……えーと……そう」

ーなぜ?

「えっ……なぜって?……」

大概の人はこのあたりで止まっちゃう。
ツッコミどころ満載だとすぐつかえちゃうんだ。

いいかい。
そもそも、この理屈で生きるなら、地球のかなりの人を殺さなきゃならない
けど、君にその勇気はあるの?
大概は、そう訊くと「他の人はいいの」って返ってくる。

じゃあ、自分だけの特別ルールで生きるってことだ。
なんで自分だけ、特別ルールで生きるのかも疑問だけど、
わざわざ君が、君だけのためにしつらえたこのルールは
どう君の役に立ってるのさ?

「うまくいかないからダメだ」「迷惑かけるなら死んだ方がマシ」って
君が口にすることはね、裏を返せば、
成功者だけ許される。世話してやってる人間、役に立つ人間だけが
生きる価値があるって言ってるのとおんなじことなんだよ。
そんな使い捨ての道具みたいな世界、自分に許してどう生きたいの?

自分がいかに穴だらけの、独りよがりの、思い込みだけの理屈で
判断してるかわかるかい?
そんな理屈で、真っ当に生きられるわけないんだ。

もう一つ行こう。
「許せない」
ーどうして?
「人前で、あいつがなじったからだ!」
ーなじるって、どういうこと?
「あいつが、さも俺が仕事ができないかのようなことを言って
バカにしたんだ!」
ーバカにされたのが許せない?
「許せないね」
ーなぜ?
「俺を見下すからだ」
ー君は、彼より下じゃないの?
「あいつに負けたことはない」
ーじゃあ? 君より実力が上の人からなら、見下されて構わないの?
「それは……仕方がない」
ーで、その上とか下とかは、誰が決めてんの?
「それは……俺だ」
ーあー、もうめんどくさい。
君の言う、君の個人的ランキングに沿って周りはみんな振る舞えと
言うんなら、きちんと一覧にして、壁にでも貼っておいてよ。
そんなの誰にもわかりっこないし、そもそも、「俺のランキングに従って
振る舞え」と言うところがもう、なんか見下げた行動だよ。

あー、またじれったくなって言っちゃった。
本当は、もっとじっくり掘り下げなきゃいけないんだけど。

大事なことは、自分を批判することじゃない。
反論したり、問いただしたりしながら、自分の行動の本当の理由を知るんだよ。
そうしながら、冷静な自分、公平な自分、誰にでも通用するバランスのとれた
自分を作ることなんだ。

ほんとは、言葉なんかいらないんだ。
怒りや悲しみ、それを怒っていない、
悲しんでいない冷静な自分が観るんだよ。
そうして、いつまでも感情の海に溺れていないで、
岸に上がって理解してやるんだ。
言い分があるなら、聞いたらいい。
そうして、もっと優しい言葉で諭してやって。

傷ついた自分は、愚かな自分でもある。
愚かすぎて、恥ずかしくて表に出せないんだよ。
でも、放っておいて裸の王様をする方がもっと恥ずかしいんだ。
惨めな自分をいくら隠しても、幸せにはなれない。

さあ、自分を救ってやって。

苦しいことは悪いこと？

人生を川の流れに例えたり、しますよね。
こころにも川が流れています。
分かれたり、合わさったりしながら、美しく流れています。

ところが、どこかがせき止められると、滞って淀んだり、溢れたりしてしまいます。
これが、「苦しい」ってことです。

ある男性のこころの川を覗いてみましょう。
彼は会社で上司とトラブルを起こし、ストレスからギャンブルにのめり込み、
借金を作ってしまいました。
会社に行くのが嫌で嫌で、でもお金がないので辞めるわけには行かず、
誰にも言えずもがき苦しんでいるうちに病気になり、会社に行けなくなりました。
これでことが発覚し、騒ぎとなっています。

彼のこころの川を覗いてみます。
何かが、流れを止めています。
川の流れに目を凝らすと、竿が刺さっているのが見えます。
そこに、流れてきた負の感情が巻き付きしがらみとなり流れをせき止め、不和や
病気や借金となって溢れ出し、どうしようもない苦痛となっているのでした。

あの竿を抜けば、一気に負の感情が流れ落ちるため苦痛が激減し、
現実の問題に自ら対処できるんです。
ああ！
お母さんが来て、借金を返済してしまいました。
医者が病気の手当てをし、痛みを取ります。
会社も辞め、不和を断ち切りました。

時々チクチクしますが、苦痛は減ったし目に見える問題はなくなったので、
彼はまた新しい会社に勤めます。
こころの狭心症のような感じです。
詰まってはいるけど、なんとかなっているので彼は放っておきます。

そしてまた、負の感情が溜まって溢れ、トラブルは起こり、
病気は悪化し、借金はもう誰も返せません。
そりゃそうです。
誰も、本当に治してはいないのですもの。
あの竿を何としても、抜かなきゃならないのです。
川の流れに入れるのは、彼だけなんです。
一体、あの竿はなんですか。
よく見てみます。

竿には一言「僕は劣っている」
そう、書いてあります。
それだけです。

彼は、優しく賢く、でも神経質な子でした。
父親は厳格で、息子の過敏さを弱さとみなし、
尻込みすることを許しませんでした。
母は夫には逆らえませんでしたが、見つからないところで、
こっそり彼をかばい続けました。
「自分は弱い」そう思っていた彼は勉強を頑張りましたが、父親は必ずアラを探し
「こんな簡単なことがどうしてできないんだ」などと叱りつけました。

彼は父親の跡を継ぐことを拒否し、家を出ます。
彼は優秀でしたが、自分の得意な分野で人にチクンとやり返すのが好きになり、
その一方で人にミスを指摘されると受け入れられず、
必ず噛み付いてしまいました。

人の指摘をあまり取り入れなかったので仲間ができず、トップにもなれません
でした。そんな時、上司と悶着を起こし、ギャンブルにはまります。
お金を使う時の万能感とスリルは、彼の苛立ちを忘れさせてくれました。

そうしてまた今、彼は認められない自分と認めない社会に苛立っています。
自分は人より劣っているという劣等感を高いプライドで隠し、
トラブルを巻き起こします。
だんだん周囲も、彼を見放していきます。
自分を認めていないのは誰でもなく、彼自身です。
彼は、どうしてもそれに気づかなければなりません。

「苦しいこと」はどういうことでしょうか?
苦しいとは、自分のこころに解決しなきゃいけない問題があるという
シグナルです。
「ゴミが溜まって、とんでもねえからさっさと抜け!」
とこころに怒鳴られているようなものです。

だから、借金を返してやっちゃダメなのです。
痛みだけ取ってもダメなのです。
逃げてもダメなのです。

濁流かもしれません。

深いかもしれません。

でも川に入って、抜きに行くんです。

「苦しいこと」はそれに取り組むチャンスなんです。

「偽っても、強がっても、逃げても、地獄に行くだけだ。結局俺は俺で、

俺でしかないから、この俺と向き合い、一からやっていくんだ」

そう思って、彼は竿を抜きます。

彼は、彼の能力なら十分やっていける、目立たない小さな会社に再就職します。

病を治し、退院した彼は、長らく会っていなかった父親に会いに行きます。

父親は以前にも増して彼をこき下ろしましたが、

今はもう、彼の中を通り過ぎます。

そして、その中に父親の罪悪感を見取ることができます。

時間の余裕のできた彼は、時々公園でぼんやり空を眺めます。

喪失の中に、妙な安堵があります。

本当の自分は何をしたいのか、ゆっくり考え始めます。

社会から見たら、彼は落伍者です。

こころの世界から見たら、彼は成功者です。

あなたのこころの川はどうですか?

執 着

例えば、君がうんと欲しいものがある。
欲しくて欲しくて、目にするたび、手にするたび、自分のものにしたくて
仕方がない。
でも、自分のものじゃない。

すると手に入れられない理由を100ほど思いつく。
「お金がないから」
「才能がないから」
「親が許さないから」
「自分がダメだから」
「あの人が先に取ったから」
「運がないから」
「こんな世の中だから」
自分のせいにしたり、相手のせいにしたり、世の中のせいにしたり、
悶え苦しんだ挙句、どうするか考える。

奪うのか、諦めるのか、手に入れるため必死で努力するのか、
それとも、実はそんなものはちっとも必要ないことに気づくのか。
欲しいものは、お金だったり、名誉だったり、恋人だったり、子どもだったり、
寿命だったり、たった一つのバッグだったり。
ある人が死ぬほど欲しいものは、ある人は全然欲しくない。

例えば、君が世の中から消したいほど嫌いなものがある。
見るたび、聞くたび、知るたびに許せず、嫌悪で震え、怒り、
目の前から消したくて仕方がない。
でも、自分ではどうすることもできない。

君は嫌いな理由を100ほど思いつく。
「臭いから」
「約束を守らないから」
「わかってくれないから」
「私のものを取るから」
「うるさいから」
「謝らないから」
「ムカつくから」
そうして怒りを増幅して悶え苦しんだ挙句、どうするか考える。

無視するのか、叩き潰すのか、それから逃げるため必死で努力するのか、
それとも、本当に嫌いな理由はどこにもなかったと気づくのか。

嫌いなものは、恋人だったり、同僚だったり、隣の物音だったり、
自分の会社だったり、世の中ってこともある。
ある人の大嫌いなものが、ある人には全然全く気にならない。

みんな、いかに欲しいものを手に入れ、嫌いなものを目の前からなくすか
っていうゲームをしてる。
ルールは、「一応、社会のルールを守ること。でないと罰則があります」

世の中のルールを守らない人、守れない人はね、ルールを守ることより、
欲しいものを手に入れることや、嫌悪や恐怖から逃げることの方が
大事だったんだよ。
みんな、ルールや常識を守るために生きてるんじゃない。
それぞれの、それぞれにしかわからない望みを叶え、恐怖から逃げるために

あるものには吸い寄せられ、あるものからは逃げて生きてるんだ。

君の怒りはどこから来てる?
君のルールを守らない人を、声をからして怒ったって無駄なんだ。
たとえそれが、世界のルールと呼ばれていたって、彼の恐怖が
それより大きかったら彼はなんだってする。
君はどうしてルールを守るの?
ルールを守ることの中にさえ、「ルールを守って、自分はまっとうな人間と
見られたい。立派な人間とみなされたい」という欲望が潜んでいるんだ。

結局、みんななんとかよろよろとルールを守りながら、自分の欲望や恐怖に
従って、奪ったり、逃げたり、怒ったり、喜んだり、悲しんだりして、誰かと熱烈に
愛し合ったと思ったら、ズタズタに傷つけ合って生きているんだ。

でも気がついたかい。欲望も嫌悪もそっくりだ。
そして君の人生を支配するそれには、本当はちっとも根っこがない。

これがなければ生きていけない!
これがあったら生きていけない!

それは君の厄介な脳みそがつくった幻だ。
君の中に、静かにじっと、君を愛し、君を見つめている意識がある。
君が気がつくのをずっとずっと待っている。

君がいつか、「何もいらない。何も怖くない」そう思った時、
それが本当の自分だって、気がつくんだ。
そこから、本当の自由が始まる。

ハハハッ、そんな
ビンボーで楽しいわけ
がないっ!!!
強がりはよせよ

アナタも
その高いクツを
脱げばきっと
わかりますよ

…もう脱ぎたくても
脱げないんだ

ワシには
これしか
ないんだよ

…そうですか

それでは
お元気で

君も
達者でな

自らのこころの番人たれ

あなたの部屋にいる自分を、想像してみてください。

部屋にはおそらく、自分で気に入って集めたか、少なくともそこにあってもいいと、

許した家具や持ち物が置いてあるはずです。

それはどこからきたか、ご存知ですか?

ホームセンター?　デパート?

違います。

誰かのこころの中から来たんです。

人のつくったものは全て、必ず、誰かのこころの中で生まれています。

誰かがそれを形にしたのです。

あなたはあなたのこころの中で生まれたものを形にするのに、自分のこころに

一番近い、誰かのこころで生まれた作品をもらってきたのです。

「こころで生み出され、形になる」

これが、ルールです。

そういう意味で、あなたの部屋は、あなたのこころです。

外に出れば、みんなのこころがつくった物で溢れています。

でも、あなたもそれを許したからそこにあるのです。

でなければ、断固として受け入れないか、逃げ出します。

だから、社会もあなたのこころです。

どんなものも、誰かが望み、みんなが許し、あなたが許したから、そこにあるのです。

こころは形をとりたがります。

欲しいものを我慢するのは大変でしょう?　嬉しかったら笑うでしょう?

世界に出て形をとらずにはいられないのです。

最高の愛と最悪の憎しみは、どんな形になると思いますか？
たった一つの抱擁かもしれないし、腕いっぱいの花束かもしれません。
鋭い一瞥かもしれないし、手に取ったナイフかもしれません。
社会の恐怖は、どんな形をとると思います？

銃を規制したって憎しみがあれば何の解決にもならないのです。
戦争したって、それ以上の苦痛を巻き起こせば、それは必ず形になるのです。
テロかもしれない、疫病かもしれない、それ以上の何かかもしれない。

だから、自分自身が、必ず、自分のこころに何を生み出すのか責任を持つんです。
何を望み、何を許すか責任を持つんです。

自分の中に、怒りや、憎しみや、恐怖をだだ漏れにしておいて、
素敵な世界は絶対に生まれないのです。
世の中がひどいから、あなたのこころが荒むのではありません。
あなたが、あなたのこころに責任を取らず、無法地帯にしているから、
世の中が荒むのです。

こころの中を愛でいっぱいにしましょう。それは、必ず形をとります。
あなたの世界にあって欲しくない、醜いものは許しません。
あなたが許せば、それはあなたの世界に居座ります。

何が来ようと、あなたの中の最も善きもので返してください。
人から見てどんな不幸が襲おうと、それ自体は実は中立です。
あなたが、どう捉えるかにかかっているんです。
善きもので返すんです。どんなことも。

「自らのこころの番人たれ」
これが、皆さんに贈る最後の言葉です。

愛 と 恐 怖

この世界は、究極この二つのエネルギーで回ってる。

愛ってね、「いいよ」っていう肯定のエネルギーなんだ。
恐怖は、「だめ」っていう否定のエネルギーだ。
両方強い力を持つけど、一緒には共存できない。
否定のエネルギーは、怒りや恐怖や嫌悪と呼ばれ、
絶対相手を受け入れない。
だから、対立し、滅ぼすしかない。
わかりやすいのは戦争だ。
相手に怒り、恐れている限り負のエネルギーは注ぎ込まれ終わらないんだ。
闇の中で生きるしかない。

だからもし、愛する方向に進みたいなら、恐怖を手放すしかないんだ。
否定しなければ、肯定しか残らない。
光の中で生きたいなら、恐怖を、怒りを、嫌悪を手放すんだ。
一つ手放せば、一つ闇から光に向かう。

そうして、何も否定することがなくなった君が、本来の君だ。
そうしたら、自分のために、みんなのために行動する。
愛情を持って。

でも、実はそれでもうまくいかないことがたくさんある。
いいと思ってやっているのに、愛を持ってやっているのに、ちっともうまく
いかない。ちっとも愛が返ってこない。それどころか、恨まれたり、怒られたり。
大概そうすると、
「良かれと思ってやっているのに、なんでひどい仕打ちをされるんだ」

「こんなに愛しているのに、どうしてわかってくれないの」
そうやって、反応して仕返ししちゃう。
そうしたら、光から闇に逆戻りだ。
いいかい、善いことをしても善いことが返ってこない時は、
君の「善いこと」が間違ってるんだ。
そのやり方では、ダメってことだ。
いくら愛してるからって、子どもに何もかも与えてやってはいけないでしょ。
いくら善いことでも、相手が苦しみ過ぎて受け取れないこともある。
独りよがりな愛ではダメなんだ。

だから、自分が行ったことに結果がついてこなかったら、自分を変えるんだ。
どこまでも、どれだけでも。
そうして、恐怖を手放し、愛し方さえも手放せるようになったら、
もう、光の中から落ちることはない。
全ての愛し方を手放せるようになった君は、全てを許すことができる。
そうなった君は、こころの世界で光から光へ、何も執着せず次々とダンスを
変え踊るように生きる。
そうして望む自分になって望む世界へ行く。
固く、こだわった、許さない自分では、どこにも行けないんだよ。

もし君が助けてきた誰かが、君を理不尽に傷つけ、苦しませたとしたら、
それは君の中に苦しみのタネがあるからなんだ。
どこかに棘が刺さっているから、許せず苦しいんだ。
それを探すために彼がいるんだ。

もし君が助けてきた誰かが、君を理不尽に傷つけ、苦しませたとしたら、
彼は君の恩に報いることができないほど、何かに苦しんでいるんだ。
自分の棘に苦しみ、周りを傷つけてしまうんだ。
それを助けるために君がいるんだ。

君が誰かを許せない時、君は君の欲望か恐怖に捕まっている。
君が誰かを許せない時、君が許せない誰かも彼自身の欲望や
恐怖に捕まってる。

彼を救うために、自分を救うんだよ。

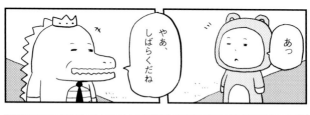

24時間365日上機嫌スタンプラリー

さあ、これで全ての講義が終わったね。
これから君は、習ったことを駆使して、
「24時間365日上機嫌スタンプラリー」にエントリーするんだ。
文字通り、これから、人生に何が起ころうと、上機嫌で暮らしていくラリーだよ。
「あり得ない」って思ってる？
あー、じゃあ、まだ勉強が足りないし、君の中で革命が起きてない。
君は君のこころの世界の創造主なんだよ。
できないことなんか、あるわけないじゃないか。

上機嫌になれないのは、まだ、棘が残っているからなんだ。
焦らないで、一つ一つ抜いていって。
そうしたら、世界が変わる。

エントリーしてラリーを進めていくと、スタンプがもらえる。
スタンプはね、君にしかわからない形で、必ずやってくる。
幸運がやってくるんだ。
注意深く、心を広くしているんだよ。
そして、そのスタンプに従って行動してごらん。
それはきっと、君の本当になりたい自分へと導いてくれるよ。

いいかい。
機嫌を損ねちゃダメさ。
そしたら、形が台無しだもの。そうやって、こころで作っては打ち消してるんで、
ちっとも世の中に現れず、ラリーは進まないのさ。
もちろん、時々はへこたれることもあるだろう。

そういう時は、ピットインして少し休み、また元気になったら、ラリーに
参加すればいいのさ。

そうしてラリーを進めていくとどうなるかって?
どれだけの幸運を君が掴むのかは僕にも決められないんだ。
ゴールも君が決めるんだよ。
でも、どうせなら、君の想像の限界にチャレンジしたらどうだい?

ここまで来たんだから、できるよ。
さあ、始めよう!

おわりに

もう、お別れだね。
ちょっと寂しいけど、ここまで一緒に来られたのが本当に嬉しい。
彼女はもう挨拶は済ませたんだって。

しばらく君には会えないけれど、とこかで必ず君を見てる。
そして君が、「本当の自分」になったら、きっとまた会える。
今は君と僕の世界だけれども、君が「本当の自分」になったら、
そこはぼくらの世界なんだ。
そうしたら、この次はもっと素晴らしい世界を、案内してあげよう。

ぼくらはね。何も失えないんだ。